TIME
FOR KIDS

¿Dónde va tu dinero?

Christine Dugan

Consultores

Timothy Rasinski, Ph.D.
Kent State University

Lori Oczkus
Consultora de alfabetización

Rich Levitt
Contador Público Certificado

Basado en textos extraídos de
TIME For Kids. *TIME For Kids* y el logotipo
TIME For Kids son marcas registradas TIME
Inc. Utilizados bajo licencia.

Créditos de publicación

Dona Herweck Rice, *Jefa de redacción*
Conni Medina, *Directora editorial*
Lee Aucoin, *Directora creativa*
Jamey Acosta, *Editora principal*
Lexa Hoang, *Diseñadora*
Stephanie Reid, *Editora de fotografía*
Shelly Buchanan, *Autora colaboradora*
Rachelle Cracchiolo, *M.S.Ed.,*
  Editora comercial

Créditos de imágenes: págs. 9 (fondo), 54
(izquierda), 56 (abajo) Alamy; págs. 37 (abajo),
50, 57 Associated Press; pág. 43 Corbis; págs. 7,
45 Getty Images; pág. 8 iStockphoto; pág. 32
(derecha) ChinFotoPress/Newscom; págs. 23
(arriba), 36 Newscom; págs. 3–4, 9 (abajo), 23
(abajo), 38, 53, 55 (abajo) REUTERS/Newscom;
pág. 23 (centro) ADC-DIFFUSION/SIPA/Newscom;
pág. 52 Los Angeles Daily News/Newscom;
págs. 22, 28–29 Timothy J. Bradley; pág. 6 Photo
Researchers, Inc.; todas las demás imágenes son
de Shutterstock.

Teacher Created Materials

5301 Oceanus Drive
Huntington Beach, CA 92649-1030
http://www.tcmpub.com
ISBN 978-1-4333-7142-4

Tabla de contenido

Maneras de gastar

Las personas gastan dinero en todo tipo de cosas, desde calcetines graciosos hasta medicamentos importantes. Los adultos gastan dinero para satisfacer necesidades básicas como vivienda, alimentos y transporte. También gastan dinero en cosas extra, como entretenimiento y vacaciones. Los niños compran golosinas, juegos y ropa. También usan su dinero para ir al mini-golf, a parques de diversiones, al cine y para realizar otras actividades divertidas. Y tú, ¿cómo gastas tu dinero? ¿Dónde va tu dinero?

Fuentes de ingresos

Las personas pueden comprar cosas porque han ganado dinero. La mayoría de los adultos ganan dinero por su trabajo. Los **ingresos** que reciben son en pago por el trabajo duro que realizan.

Los jóvenes compradores tal vez no tengan suficiente edad para trabajar a tiempo completo, pero eso no significa que no puedan tener su propio dinero. Los jóvenes pueden ganar dinero en un trabajo de medio tiempo, como cuidar niños o cortar el césped. Algunos reciben una **asignación** por ayudar con las tareas del hogar.

+ ¿Cómo gastamos el dinero?

+ ¿Qué compramos con el dinero?

+ ¿De qué otros modos podemos usar el dinero?

Hay muchas maneras de ganar dinero extra el fin de semana trabajando por el barrio.

Poder de compra

Las personas usan diferentes elementos a la hora de gastar su dinero. Algunas personas usan dinero en efectivo, que incluye billetes y monedas. Otras usan cheques o **tarjetas de débito**. Estas tarjetas retiran dinero directamente de la cuenta bancaria de una persona. Las **tarjetas de crédito** permiten a las personas gastar dinero que tal vez todavía no tengan. Todas estas cosas representan dinero, si bien no lucen como billetes. A veces, gastar dinero sin usar efectivo hace que sea más difícil llevar un control de cuánto se gastó.

Tipos de efectivo

Además de los billetes y las monedas, hay muchos objetos diferentes que se han utilizado como dinero. Algunos de estos ejemplos se remontan a hace miles de años. En el mundo, las diferentes culturas han usado cuentas, conchas o incluso ganado como una forma de dinero. Alrededor del año 500 a. C. se utilizaron pequeñas piezas de plata como las primeras monedas.

En el pasado, en África se utilizaban conchas de cauri como dinero.

Acuñación moderna

Las primeras monedas tenían diferentes formas. Algunas culturas antiguas usaban barras, anillos o trozos de metal. En la actualidad, las monedas se fabrican en **casas de la moneda**. Las máquinas cortan las monedas de barras de metal. Un grabador realiza un molde para cada tipo de moneda, de modo que todas tengan el mismo tamaño, la misma forma y las imágenes correctas.

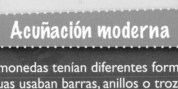

empaquetado de centavos en la Casa de la Moneda de los Estados Unidos

El ciclo de vida de un billete de un dólar

¡La **Oficina de Grabado e Impresión de Estados Unidos** imprime alrededor de 16,650,000 billetes de un dólar por día! El ciclo de vida típico de un billete de $1 es de poco menos de cinco años. Una vez que el dinero se imprime, se envía al **Banco de la Reserva Federal**. Luego, el Banco de la Reserva Federal envía estos nuevos billetes a diferentes bancos. Los bancos distribuyen el dinero entre la gente. En poco tiempo, el billete se desgasta y se devuelve al Banco de la Reserva Federal.

¿Puedes adivinar por qué un billete de $50 o de $100 tiene un ciclo de vida más largo que un billete de $1?

El arte del dinero

Observa con atención un billete impreso y descubrirás una obra de arte. Primero, un artista dibuja o pinta un diseño para un nuevo billete. Una vez que se aprueba, el diseño se entrega a un equipo de grabadores. Los grabadores tallan la plancha de impresión de metal. Todo se hace al revés, para que cuando se imprima el billete puedas leerlo.

BUREAU OF ENGRAVING AND PRINTING

¡Ultra secreto!

El papel moneda está hecho con un 75 por ciento de algodón y un 25 por ciento de lino. Las fibras de colores y las marcas especiales se agregan para disuadir a los **falsificadores**. ¡Incluso la receta de la tinta para impresión es un secreto!

¿Quién imprime el dinero?

¡El dinero de un país se puede imprimir en otro país! Muchos países utilizan empresas privadas, en lugar de las imprentas estatales, para imprimir el papel moneda. La imprenta de billetes más grande del mundo es *De La Rue Currency*. La empresa británica imprime más de 150 divisas.

9

Una forma fácil de gastar

¿Qué importa si gastas dinero en efectivo, emites un cheque o usas una tarjeta de débito? Todos son formas de dinero. Algunas personas piensan que al usar efectivo les es más fácil llevar un control de cuánto dinero gastan. Usar una tarjeta de débito o emitir un cheque son otras maneras de usar efectivo, pero ambas requieren llevar un registro de los **gastos**. Con el efectivo, cuando te quedas sin billetes y monedas, no tienes más dinero.

El sistema de trueque

En el pasado, en lugar de dinero las personas usaban un **sistema de trueque**. Las personas intercambiaban cosas para obtener lo que necesitaban. Un cazador podría haber intercambiado carne por papas. Un granjero podría haber ofrecido productos lácteos a cambio de trigo.

Opciones de pago

En el pasado, para comprar cosas las personas solamente usaban efectivo. Luego se hicieron populares los cheques y las cuentas corrientes. Hoy en día, los cheques ya no se usan tanto. Las personas pueden pagar las cuentas de manera rápida a través de Internet y gastar dinero con una tarjeta de débito.

Se pueden pagar las cuentas en línea, con una computadora o un teléfono.

¿Crédito o débito?

La tarjeta de débito y la tarjeta de crédito son similares en apariencia, pero en realidad son muy diferentes. Una tarjeta de débito es como si fuera efectivo, es decir, dinero que la persona ya ganó y tiene guardado en el banco. La tarjeta de crédito, en cambio, se usa para pedir dinero prestado a fin de comprar cosas. Utilizar una tarjeta de crédito implica obtener un **préstamo** de una empresa de tarjetas de crédito. Usar una tarjeta de crédito tiene **ventajas**. Las personas las usan en casos de emergencia. Son una manera segura de tener dinero encima y no perder efectivo. También ayudan a las personas a establecer un **historial de crédito**.

Ahorro seguro

Las personas solían guardar el efectivo en sus casas, en alcancías o abajo del colchón. Hoy en día, es mucho más común tener el dinero depositado en el banco.

Historial de crédito

El historial de crédito explica cuánto crédito tiene una persona y si suele pagar las cuentas en fecha. Un puntaje de crédito alto en un informe de crédito indica que una persona tiene un historial financiero sólido. Con un puntaje de crédito alto es más fácil obtener dinero prestado y más crédito. Cuanto más alto sea el puntaje de crédito, probablemente se paguen menos **intereses** por un préstamo. Por lo tanto, los pagos mensuales del préstamo son más bajos.

Puntaje crediticio	500-579	580-619	620-659	660-699	700-759	760-850
Pago mensual de la hipoteca ($150,000)	$2,305	$1,917	$1,058	$976	$948	$926
Tasa de interés	9.89%	8.91%	7.59%	6.78%	6.49%	6.27%

13

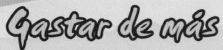

Gastar de más

¿Qué le sucede a las personas que gastan dinero que no tienen? Algunas personas emiten cheques o usan tarjetas de débito incluso cuando no tienen suficiente dinero en el banco. Los bancos quieren que las personas eviten los **sobregiros**. Por lo tanto, cuando esto sucede cobran cargos muy altos. Usar tarjetas de crédito puede alentar a gastar de más. Las tarjetas de crédito permiten comprar cosas de manera fácil y rápida. Si la persona continúa gastando de más, podría tener problemas financieros o incluso caer en **bancarrota** en el futuro.

Cheque sin fondos

Las personas inteligentes llevan un control de los cheques emitidos y del dinero que hay en sus cuentas corrientes para evitar emitir **cheques sin fondos**.

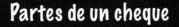

Partes de un cheque

Luego de que se entrega en una tienda, el cheque se envía al banco donde lo escanea y lee una computadora. La computadora lee la cantidad de dólares y el número de cuenta del cheque. ¡Una computadora puede clasificar 2,400 cheques en 1 minuto!

Nombre del titular de la cuenta

1025

Fecha en que se
FECHA _____ emite el cheque

PÁGUESE A
LA ORDEN DE ___ receptor de cheque _____ **$** cantidad de dólares

_____ monto a pagar _____ DÓLARES 🔒 Security Features Included. Details on Back

NOTA ___ le recuerda al titular de la cuenta para qué usa el dinero

firma del titular de la cuenta que autriza el cheque

⑆000000000⑆ ⑆000000000⑆ ⑈1025

Llevar un registro de los cheques emitidos permite calcular con más facilidad cuánto dinero hay en la cuenta.

... ATM - Cash Withdrawal • DC-Debit Card • FT-Funds Transfer • SC -Service Charge • TD -Tax Deductible

	PAYMENT, FEE, WITHDRAWAL (-)	✓	DEPOSIT, CREDIT (+)	$	BALANCE
	$ 15 95				
	$ 229 99				
...a de Electricidad	$ 112 62				
2362 9/25 Comestibbles	$ 48 50				
DEBIT 9/27 Gasolina	$ 35 63				
DEBIT 9/29 Restaurante	$ 1650 00				
2363 10/1 Hipoteca	$ 4 00				
DEBIT 10/3 Farmacia	$ 69 00				
2364 10/5 Cable	$ 50 00				
2365 10/5 Teléfono Celular					

15

Armar un presupuesto

También hay muchas maneras diferentes de gastar dinero, y algunas son tan simples como entregar una tarjeta de plástico. Armar un **presupuesto** permite a las personas llevar un control de su dinero. Un presupuesto es un registro de todo el dinero que gana y todo el dinero que gasta. Lleva un control de los ingresos y los gastos. Muestra los hábitos de gasto y las tendencias. Cuando se estudia con atención un presupuesto, la persona puede planificar cómo ahorrar y gastar mejor su dinero.

Gráficos de tu dinero

Hay muchas maneras diferentes de llevar un registro de tu dinero. Los presupuestos más básicos se pueden hacer con papel y lápiz. Pero también se pueden armar presupuestos con un programa informático o un sitio web que ayuda a las personas a organizarse.

La información del presupuesto se puede presentar en forma de gráfico de líneas, de barras o circular.

Tipos de presupuestos

Una persona puede tener un presupuesto individual, mientras que una familia puede crear un presupuesto del hogar. Los negocios tienen presupuestos. Y también las ciudades, los estados y los países. Los gobiernos también llevan un registro de los gastos que realizan y el dinero que ahorran.

Análisis del presupuesto

Sam, un estudiante de preparatoria de 16 años, armó este presupuesto para saber a qué destina su dinero cada mes. Tiene un empleo de medio tiempo y espera poder ahorrar dinero para comprarse un automóvil. Se pregunta por qué el total en su cuenta de ahorro es tan bajo. ¿Qué observas en su presupuesto?

▪ ROPA ▪ ZAPATOS ▪ CINE ▪ MÚSICA
▪ VIDEOJUEGOS ▪ COMIDA ▪ AHORROS SALDO

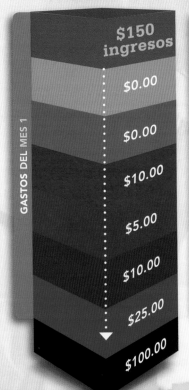

GASTOS DEL MES 1

$150 ingresos

$0.00

$0.00

$10.00

$5.00

$10.00

$25.00

$100.00

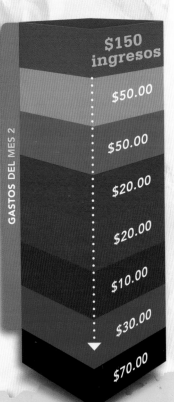

GASTOS DEL MES 2

$150 ingresos

$50.00

$50.00

$20.00

$20.00

$10.00

$30.00

$70.00

¡ALTO! PIENSA...

- ¿Cuánto dinero ha ahorrado Sam en cuatro meses?

- Sam trabaja la misma cantidad de horas y gana la misma cantidad de dinero cada mes. ¿En qué medida esto le ayuda a presupuestar su dinero?

- ¿Qué podría hacer Sam para ahorrar más dinero?

GASTOS DEL MES 3

$150 ingresos

$40.00

$40.00

$10.00

$10.00

$10.00

$50.00

$60.00

GASTOS DEL MES 4

$150 ingresos

$40.00

$50.00

$10.00

$10.00

$20.00

$40.00

$40.00

Cada centavo cuenta

Los presupuestos ayudan a las personas a no engañarse. Cada gasto individual, por más pequeño que sea, se incluye en el presupuesto. El presupuesto muestra cómo, al sumarse, las pequeñas compras pueden convertirse en un gran gasto. Un batido de $3 no parecería ser mucho dinero. Pero si el presupuesto muestra que se toma un batido diario, puede significar un gasto de $90 al mes. Si una persona compra los ingredientes para un batido diario en una tienda de abarrotes, costaría mucho menos de $90.

Comprado en la tienda versus hecho

por cada batido comprado en una tienda: $3.50	$2.50 jugo
X 7 días	+ $1.25 plátanos
	+ $2.50 arándanos
	+ $3.75 duraznos
$24.50 por 7 batidos	$10 por 7 batidos

Si recibes una asignación en casa, los ingresos se pueden asignar a tres categorías: dinero para gastar, dinero para ahorrar, y dinero para donar a organizaciones benéficas o a una causa.

Controlar tu efectivo

¡Toma el control del dinero que tienes para gastar! Usa un cuadro como este para llevar un registro de a dónde va tu dinero. Al llevar un registro de tus gastos, evitas sorpresas desagradables.

Compras	Categoría	Monto
	Alimento	$20
	Libros	$40
	Música	$10
	Ropa	$50
	Total:	$120

Comprador emocional

Algunas personas gastan su dinero para canalizar sus emociones. Esto significa que pueden comprar cosas cuando están tristes, estresadas o aburridas. Un presupuesto muestra tendencias en tus gastos. Puede mostrarte que gastaste dinero para sentirte mejor u olvidarte de tus problemas. El hecho de comprar algo nuevo hace que la persona se sienta mejor durante un breve período. Pero la sensación no perdurará.

Presta atención a tus estados de ánimo y tus hábitos de gasto. ¿Cuándo es más probable que compres cosas que no necesitas?

Compras caras

Hay muchos artículos caros a la venta y, aparentemente, muchas personas dispuestas a pagar el precio.

¿Qué tal un autógrafo de William Shakespeare, el dramaturgo más famoso del mundo? Se estima que su firma se subastará en $5 millones. ¡Eso sí que es una caligrafía de lujo!

¿Estás pronto para zambullirte en la piscina más cara del mundo? Esta piscina, construida en Chile, ¡es tan larga como tres canchas de fútbol, contiene 66 millones de galones de agua y tiene 115 pies de profundidad! Construir esta maravilla acuosa costó apenas $2 mil millones.

En el Westin Hotel de Nueva York, puedes pedir un bagel cubierto con queso crema de trufa blanca, bayas de goji y hojas de oro. ¡Darte este gusto te costará $1,000!

¿Qué compramos?

Hay muchas maneras de gastar, ¡y muchas cosas para comprar! Las personas gastan dinero en vivienda, al pagar la renta o la **hipoteca**. Pagan por sus automóviles, el boleto del autobús y otros medios de transporte. Y gastan mucho dinero en alimentos, al comprar comestibles en el supermercado o al comer en restaurantes. La educación y la atención médica también cuestan dinero. Las personas compran ropa, artículos electrónicos y artículos para el hogar. También les gusta gastar dinero en entretenimiento, pasatiempos y vacaciones.

$45.99

$2.99

$60.00

$24.99

> La persona que no sabe de dónde vendrá su próximo dólar en general no sabe a dónde fue su último dólar

—Anónimo

¿Deseo o necesidad?

Los presupuestos ayudan a las personas a evaluar si están gastando demasiado dinero. También muestran las diferencias entre deseos y necesidades. Una *necesidad* es algo necesario o esencial. Podría ser un lugar donde vivir o alimentos para comer. Una necesidad es algo que las personas deben tener para poder llevar una vida segura y saludable. Un *deseo* es algo que se quiere tener. No es un artículo esencial. Un deseo incluye cosas que se compran solo por diversión, como un par de zapatos adicional o entradas para el cine. Entre otras cosas, las personas usan los presupuestos para llevar un registro de los gastos necesarios y gastar menos en simples deseos.

Gasta con sabiduría

Si te sobra dinero, considera guardarlo para los "tiempos de vacas flacas". O compra algo que realmente deseas luego de meditarlo un tiempo y comparar esa compra con otras compras posibles.

Cupones interesantes

Usar cupones es una manera fácil de ahorrar dinero en tu presupuesto. Algunos cupones devuelven dinero al comprador para que compre otro artículo. Hay muchos cupones para cosas que de todos modos necesitarías comprar. Un solo cupón podría ofrecerte un descuento de apenas $0.25, pero usar cupones con frecuencia suma.

¡MÁS EN PROFUNDIDAD!

Qué compramos

Los hábitos de gasto de los estadounidenses cambian según los artículos y las actividades que están de moda. Si la economía está en un buen momento, las personas se sienten bien al gastar dinero.

DIVERSIÓN
$2,698

LECTURA
$118

5.4%

0.2%

TRANSPORTE
$8,758

17.6%

Una familia americana promedio

Comparemos

Este gráfico circular muestra la cantidad de dinero que gastan en promedio los hogares estadounidenses en un año. ¿Cómo son los gastos de tu familia en comparación con el promedio?

VIVIENDA
$16,920

34.1%

Si la economía no anda bien, las personas se ponen nerviosas al gastar. En una buena época económica, los **consumidores** pueden gastar más dinero en vacaciones y artículos de lujo. En las épocas más duras, las personas se las arreglan con menos. Observa cómo la familia promedio estadounidense gasta dinero hoy en día.

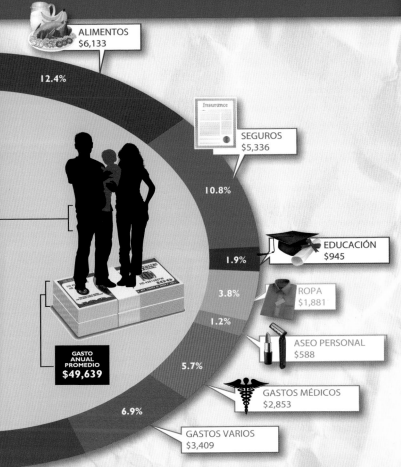

ALIMENTOS
$6,133

12.4%

SEGUROS
$5,336

10.8%

EDUCACIÓN
$945

1.9%

ROPA
$1,881

3.8%

1.2%

ASEO PERSONAL
$588

GASTOS MÉDICOS
$2,853

5.7%

GASTO ANUAL PROMEDIO
$49,639

6.9%

GASTOS VARIOS
$3,409

Fuente: Departamento de Trabajo y Oficina de Estadísticas Laborales de los EE. UU.

Analizar la publicidad

Las tiendas con frecuencia publicitan sus ofertas. Desean atraer la mayor cantidad de compradores posible. Los anuncios deben ser atractivos para los compradores. Se diseñan para atraer a las personas que buscan una **ganga**. Sin embargo, siempre es conveniente observar el anuncio con atención. En ocasiones, una tienda utilizará precios de liquidación para que parezca que estás haciendo un negocio mejor de lo que realmente es.

Costos de los anuncios

Cuando compras un artículo en una tienda, tu dinero cubre muchos gastos diferentes. Ayuda a pagar el trabajo de los empleados de la tienda. Se destina a pagar el alquiler de la propia tienda. ¡Y también ayuda a pagar la publicidad que tal vez te llevó a la tienda en primer lugar!

Todo suma

Los expertos estiman que un niño estadounidense promedio mira más de 20,000 comerciales en televisión en un año, ¡o en un período de 100 días! Una estrategia publicitaria es crear el "factor fastidio", para lo cual les muestran a los niños anuncios que los alientan a comprar el producto. Los niños estadounidenses de entre 12 y 17 años les pedirán a los padres los productos que vieron en la televisión un promedio de 9 veces, una y otra vez hasta que los padres finalmente se los compren.

¡MÁS EN PROFUNDIDAD!

¡Lo necesito! ¡Lo deseo!

Los publicistas saben que los sentimientos influyen en las decisiones que tomamos. Por lo tanto, tratan de mostrarte cómo comprar cierto artículo te hará sentir popular o te ayudará a divertirte. Utilizan a personas famosas, como héroes del deporte o estrellas del pop, para que el producto parezca fantástico. Muestran a otras personas divirtiéndose con el producto. Los publicistas utilizan el humor para hacerte reír y recordar lo que tienen para ofrecerte.

En 20 minutos, se comparten 1,000,000 de enlaces en Facebook.

Los datos y las cifras hacen que un producto parezca más razonable.

Las luces brillantes que se utilizan en las fotografías hacen que el producto luzca lo más atractivo posible.

Los anuncios utilizan a las celebridades para que sus productos parezcan más atractivos.

Este es un anuncio diseñado para que te preguntes, "¿Tengo suficiente onda como para tener este automóvil?".

Gastos especiales

Hay momentos en la vida en que las personas deben gastar mucho dinero en algo especial. Puede ser algo temporal. Alguien podría necesitar un automóvil nuevo para reemplazar el viejo que se rompió. O podría necesitarse dinero para comprar una casa. Una pareja podría tener que gastar mucho dinero cuando se casa. La **tasa** que cobra la universidad también es un gasto especial. Ir a la universidad es una meta importante para muchos jóvenes, pero la universidad es muy cara. Para pagar la universidad se requiere planificación.

Préstamos universitarios

Para pagar la universidad, los estudiantes pueden tener que pedir un préstamo. Un banco les dará el dinero para pagar la universidad, pero deberán devolverlo luego de graduarse. Algunas organizaciones dan **becas** a los estudiantes más destacados. Este dinero debe usarse para pagar la tasa de la universidad, pero no es necesario devolverlo.

STUDENT LOAN APPLICATION

¡Continúa estudiando!

Cuanta más educación tengas, más probabilidad tendrás de que tus ingresos sean altos. Quienes obtienen títulos profesionales con frecuencia se encuentran en las franjas de ingresos más altas. En cambio, quienes no terminan la secundaria suelen ganar la menor cantidad de dinero. ¿Cuánto tiempo planeas estudiar?

Salarios promedio
(Basado en el Censo 2010 de EE. UU.)

Título profesional (médico, abogado)	$127,803
Doctorado	$103,054
Maestría	$73,738
Licenciatura	$56,665
Título técnico	$32,295
Preparatoria completa	$30,627
Preparatoria incompleta	$20,241

La universidad suele ser más accesible si comienzas en una universidad comunitaria o trabajas durante el verano.

Ventas extrañas

Las personas compran y venden
artículos muy raros e interesantes.
A veces es imposible determinar
qué valor tendrá un artículo
y cuánto alguien podría estar
dispuesto a pagar por él.

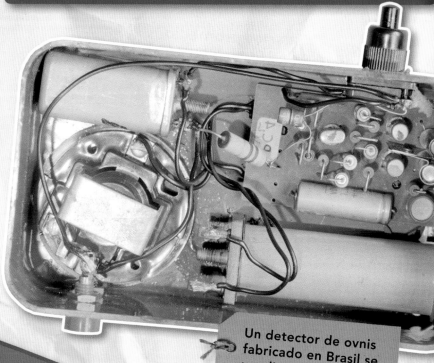

Un detector de ovnis
fabricado en Brasil se
vendió en $135.03.

Un pedazo de chicle mascado por la cantante Britney Spears se vendió en $14,000.

Alguien compró un copo de maíz con la forma de Illinois por $1,350.

Esta mujer se hizo tatuar un anuncio en la frente por $10,000.

Una fortuna

Muchas personas se quejan de que el dólar ya no vale lo que solía valer. En cierta medida es cierto. Lo que hoy podemos comprar con un dólar no es lo que las personas compraban por un dólar hace 10, 20 o 50 años. ¿Qué se puede comprar hoy con un centavo? ¡No mucho! Tal vez puedes encontrar un caramelo por un centavo. Pero hace cien años, con unos pocos centavos podías comprar un galón de leche. ¿Qué puedes comprar hoy con mil millones de dólares? ¡Mucho! La mayoría de las personas nunca verán los artículos de lujo que compran los multimillonarios.

El costo de la inflación

La **inflación** es el aumento gradual de los precios de los bienes y los servicios con el paso del tiempo. Hoy en día las cosas cuestan más que hace años. Esto significa que el dinero que tienes hoy vale menos de lo que valía la misma cantidad en el pasado.

De hecho, ¡cuesta más de un centavo fabricar un centavo! Esto significa que el costo de fabricar un centavo es más alto que lo que vale gastarlo.

Grandes compradores

¿Qué puedes comprar con tus dólares? ¡Depende de cuántos tengas! Observa los artículos de abajo para ver qué puedes comprar con un dólar o con mil millones de dólares.

$1,000,000,000
isla tropical

$1,000,000
casa lujosa

$100,000
vehículo de uso recreativo

$10,000
auto compacto

$1
100 clips

$10
Frisbee (disco volador)

$100
patineta

$1,000
pendientes de diamantes

El dinero en el mundo

Los hábitos de gasto de las personas varían de un país a otro. Las personas tienen limitaciones de acuerdo a su nivel de ingresos. La economía de un país también es un factor importante. El dinero no rinde tanto en países con tasas de inflación altas. En estos países cuesta más adquirir productos y servicios. También influye lo que compran las demás personas. Por ejemplo, en algunos países las personas prefieren gastar su dinero en actividades recreativas en vez de en ropa.

Tipo de cambio

Muchos países usan sus propios tipos de billetes y monedas, pero todos estos billetes y estas monedas no valen lo mismo. El **tipo de cambio** es la tasa que se utiliza para cambiar una **divisa** por otra. Esta tasa cambia constantemente. Un dólar en los Estados Unidos tiene un valor diferente dependiendo de cuándo y dónde se cambia.

Gastos en el mundo

Observa el porcentaje de sus ingresos que gasta un ciudadano promedio cada mes en algunas categorías comunes.

China

Vivienda = 8%
Comida = 19%
Entretenimiento = 7%
Autos = 3%
Atención médica = 6%
Educación = 7%

India

Vivienda = 14%
Comida = 23%
Entretenimiento = 3%
Autos = 5%
Atención médica = 6%
Educación = 17%

Rusia

Vivienda = 12%
Comida = 34%
Entretenimiento = 6%
Autos = 5%
Atención médica = 5%
Educación = 3%

Estados Unidos

Vivienda = 34%
Comida = 12%
Entretenimiento = 5%
Autos = 17%
Atención médica = 6%
Educación = 2%

Fuente: *Credit Suisse Emerging Consumer Survey*

¡MÁS EN PROFUNDIDAD!

Tu visión del dinero

Responde al siguiente cuestionario para saber cómo ves el dinero.

1 Cuando recibes tu asignación mensual piensas:

A. Sé que cuando termine la semana ya no me quedará nada.

B. Voy a ahorrar esto ahora y pensaré cómo gastarlo luego.

C. No veo la hora de ir al centro comercial a ver qué puedo comprar.

D. Voy a depositar esto en mi cuenta de ahorro de inmediato.

2 Cuando deseas algo caro piensas:

A. Voy a comprarlo ahora a pesar de que no puedo darme este lujo.

B. Si cuido mi presupuesto y ahorro durante cierto tiempo voy a poder comprarlo más adelante.

C. Si bien no tengo suficiente dinero, alguien me lo prestará para comprarlo.

D. Por más que me guste mucho, ni loco pagaría todo eso por este artículo.

3 Cuando estás triste piensas:

A. Nada que compre podrá alegrarme.

B. Pensar en formas de ahorrar dinero hará que me sienta mejor.

C. En cuanto pueda ir a la tienda a comprar algo me sentiré genial.

D. Si me enfoco en ahorrar dinero, tal vez me sienta mejor.

4 Cuando alguien te regala dinero piensas:

A. Me pregunto qué podré hacer con este dinero en efectivo.

B. Voy a ahorrar una parte. El resto lo gastaré en algo que deseo desde hace tiempo.

C. No voy a guardar estos dólares mucho tiempo.

D. Hoy mi cuenta bancaria va a crecer un poco más.

Observa con atención tus respuestas.

Si seleccionaste principalmente la letra **A**, no piensas demasiado en el dinero. Eres despreocupado con el dinero en efectivo.

Si seleccionaste principalmente la letra **B**, te gusta pensar en lo que gastas y lo que ahorras. Eres prudente con el dinero en efectivo.

Si seleccionaste principalmente la letra **C**, utilizas tu dinero en efectivo de inmediato. Eres una persona derrochadora.

Si seleccionaste principalmente la letra **D**, te gusta ahorrar cada centavo. Eres súper ahorrativo.

Un buen uso del dinero

Tener dinero y usarlo con sabiduría sin duda puede hacer que tu vida sea más cómoda. ¿Pero sabías que el dinero que ganas también puede ayudar a otros? Cuando ganas dinero, puedes mejorar la vida de personas en todo el mundo. Entonces, ¿cómo puedes sacar el mayor provecho de tu dinero?

Algo para todos

Hay muchos tipos diferentes de **organizaciones benéficas**. La mayoría aceptará cualquier donación que puedas hacer, sin importar cuán grande o pequeña sea. Puedes elegir organizaciones benéficas para niños pobres, animales sin hogar o aguas contaminadas. También hay organizaciones benéficas que se dedican a buscar la cura para algunas enfermedades, a salvar especies en peligro y a promover las artes.

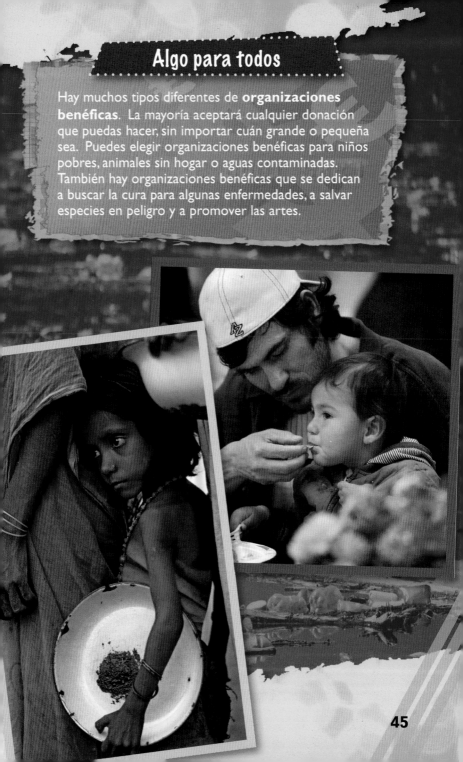

A pagar los impuestos

Las personas pueden elegir gastar el dinero en los bienes y servicios que necesitan o desean. Estos forman parte del presupuesto. Pero los adultos también deben pagar **impuestos**. Un impuesto es una suma de dinero que cobra el gobierno para pagar por los servicios que brinda. Se pagan impuestos a los gobiernos municipales, estatales y federales. Estos se usan para mantener en buen estado los pueblos, las ciudades y el país en general. También se utilizan para brindar los servicios que usa y comparte toda la población. Por ejemplo, los impuestos ayudan a sustentar las escuelas públicas y el buen estado de las calles. También ayudan a pagar por la recolección de residuos y los departamentos de policía y bomberos. La mayoría de las personas están de acuerdo con que todos deberían pagar lo que les corresponda para poder seguir brindando estos servicios.

Los impuestos y la guerra

Muchos impuestos comenzaron a cobrarse en tiempos de guerra. Gran Bretaña creo un **impuesto sobre la renta** en 1799 para juntar dinero para las guerras napoleónicas. Alemania instauró un **impuesto sobre el consumo** durante la Primera Guerra Mundial. Estos gobiernos planeaban cobrar los impuestos durante un breve período. Pero una vez finalizadas las guerras, continuaron con los impuestos. Otros países comenzaron a usar los mismos impuestos.

El gran día

El **Servicio de Impuestos Internos (IRS)** se encarga de recaudar los impuestos en los Estados Unidos. El 15 de abril suele ser el día en que vence el plazo para presentar las declaraciones de impuestos, a menos que caiga en fin de semana o feriado.

Consulta a un Contador Público Certificado (CPA)

Muchas personas le llevan sus declaraciones de impuestos a un **Contador Público Certificado** (CPA). El CPA conoce las leyes más recientes y sabe cómo rellenar los formularios correctamente.

Tipos de impuestos

Los trabajadores pagan impuestos por el dinero que ganan. El impuesto sobre la renta es la cantidad de impuestos que los trabajadores pagan según el dinero que ganan. En muchos lugares, los impuestos sobre el consumo se cobran junto con los artículos que se compran. Cada estado determina el porcentaje del impuesto sobre el consumo. En general, suele ser de entre un 4 y un 9 por ciento del valor del artículo comprado.

¿Son justos los impuestos?

Los impuestos pueden ser un tema difícil de tratar con los demás. Las personas tienen muchas opiniones diferentes sobre los impuestos que deberían pagar los demás. ¿Es justo que todos paguemos el mismo monto de impuesto sobre la renta? ¿O tiene más sentido que las personas más adineradas paguen impuestos más altos?

Si compras una camisa por $20, se agregará un impuesto sobre el consumo del 5 por ciento, por lo que se sumará $1 al costo de la camisa. ¿Cuánto pagarías si el impuesto al consumo fuera del 9 por ciento?

Impuestos en el mundo

Las tasas del impuesto sobre la renta varían según el país. Muchos países tienen un **impuesto progresivo**, es decir, que la tasa es más alta para quienes tienen más ingresos. Observa estas tasas de diferentes países del mundo. Cada país tiene un impuesto progresivo. Las tasas que figuran abajo son la tasa máxima que debe pagar cualquier contribuyente.

Bulgaria
10%

Egipto
20%

Estados Unidos 35%

Irlanda
48%

Finlandia
49%

Aruba
59%

Fuente: Tabla de tasas de impuesto sobre la renta individual 2012 de KPMG

Donaciones

A veces, el presupuesto alcanza para otras cosas. Por supuesto, el dinero extra se puede gastar o ahorrar. Pero hay una opción más. Se puede donar a una buena causa. Donar dinero se siente bien. Las personas pueden elegir a qué tipo de organizaciones apoyar. Muchos grupos dependen de la **filantropía** para pagar por los programas y servicios que brindan a las personas necesitadas. Muchas familias tienen dificultades para pagar por las cosas que necesitan, como alimentos y cobijo. Así, cuando las personas que tienen más recursos los comparten, le hacen la vida más fácil a quienes los necesitan. Cuando las personas donan dinero a su organización benéfica preferida, el gobierno no cobra impuestos por este dinero. Los contribuyentes logran pagar menos impuestos y también contribuir con la comunidad local o mundial.

Cerca de casa

A algunas personas les gusta donar dinero a su iglesia o institución religiosa. El dinero sirve para pagar las cosas que necesitan dentro de la comunidad religiosa.

A veces las iglesias recaudan fondos para las víctimas de una catástrofe.

Conexiones personales

Las personas con frecuencia deciden donar a una buena causa debido a una experiencia personal. Si un ser querido tuvo cáncer, donar a un grupo que investiga una cura para el cáncer puede tener un verdadero sentido personal.

Esta mujer lleva una cinta rosada para mostrar su apoyo a la lucha contra el cáncer.

Corre la voz

No necesitas un montón de dinero extra para poder hacer una donación. Algunas personas comienzan ahorrando pequeñas cantidades. Luego, con el paso del tiempo, esas pequeñas cantidades se convierten en grandes donaciones. Incluso algo tan simple como una venta de tortas puede permitir recaudar suficiente dinero para hacer la diferencia. Obtener patrocinadores y caminar o correr en una carrera es otra forma de juntar dinero.

El aporte de las celebridades

Muchas personas famosas encuentran formas de hacer sus aportes a las comunidades necesitadas, a modo de devolución. Por ejemplo, muchos equipos deportivos de la liga mayor trabajan en sus propias comunidades y ayudan e inspiran a los jóvenes estudiantes que enfrenten momentos difíciles junto con sus familias.

El jugador de basquetbol profesional Vladimir Radmanovic lee a los estudiantes.

Dividir las donaciones

La Fundación Bill y Melinda Gates destina millones de dólares cada año a diversas organizaciones benéficas. Apoyan la investigación de nuevas vacunas para salvar a los niños de todo el mundo de enfermedades mortales. También colaboran con organizaciones para ayudar a los buenos docentes y las buenas escuelas para que todos los niños de los Estados Unidos reciban una educación excelente.

El empresario y filántropo Bill Gates admira el trabajo de estos estudiantes de ciencia.

¡MÁS EN PROFUNDIDAD!

Un poco alcanza para mucho

Las organizaciones benéficas aprecian cualquier donación, por más pequeña que sea. De hecho, una pequeña cantidad de dinero puede tener un gran impacto, en especial si todos damos un poco. Desde el costo de un paquete de goma de mascar al costo de una buena cena, observa cómo una donación puede ayudar a otros.

Comprar una arboleda en Zambia. Estos árboles enriquecen el suelo para que sea adecuado para cultivos importantes.

Comprar mantas y baberos para los bebés necesitados.

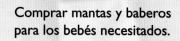

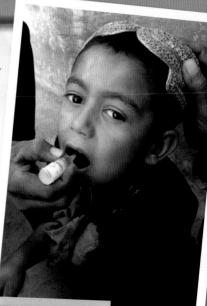

Pagar por la vacuna contra la polio para un niño.

Pagar por la educación de un estudiante en Sri Lanka.

Cuestiones de dinero

La forma en que administras tu dinero puede ser muy importante en tu vida. Tú decides qué comprar. Tú determinas cuánto ahorrar. Y también puedes elegir donar una parte de tu dinero a organizaciones benéficas y hacer una diferencia en la vida de otras personas. Planificar qué hacer con el dinero que tienes y el dinero que ganas puede ser difícil, pero también puede ser muy divertido. ¡Y toda decisión que tomes suma!

Glosario

asignación: dinero que se da a los niños para que aprendan a ahorrar y gastar

bancarrota: situación jurídica que ocurre cuando una persona o un grupo no puede pagar lo que debe

Banco de la Reserva Federal: banco que supervisa y controla el flujo de dinero de los bancos estadounidenses

becas: ayuda económica para estudiantes que no tiene que devolverse

casas de la moneda: donde se fabrican las monedas

cheques: declaración escrita que autoriza a retirar dinero de la cuenta de una persona

cheques sin fondos: cheques expedidos sin tener dinero suficiente para pagarlos

consumidores: personas que gastan dinero en bienes y servicios

Contador Público Certificado (*CPA*): contador que ha aprobado ciertos exámenes y cumple todos los requisitos jurídicos y de licencias para obtener la autorización estatal

divisa: todo lo que se acepte como dinero en general

economía: proceso o sistema por el que se producen, venden y compran bienes o servicios en un país

falsificadores: personas que hacen copias ilegales, a menudo de dinero

filantropía: benevolencia con todos, en particular expresada a través de iniciativas activas y generosas para ayudar a los demás

ganga: chollo o precio rebajado

gastos: dinero gastado en crear productos o servicios

hipoteca: préstamo para una vivienda

historial de crédito: historial financiero de una persona, usado por los bancos para decidir si le concede un préstamo u otros servicios

impuesto progresivo: impuesto cuyo porcentaje aumenta para que quienes más ganen paguen más

impuesto sobre el consumo: impuesto sobre la venta de algunas cosas

impuesto sobre la renta: impuesto sobre el dinero que gana una persona

impuestos: cantidades que se pagan al gobierno para financiar

inflación: subida general de los precios

ingresos: dinero recibido o ganado

interés: dinero que un banco o una organización paga a una persona por invertir en ellos servicios locales o nacionales

Oficina de Grabado e Impresión de Estados Unidos: donde se imprimen los billetes estadounidenses

organizaciones benéficas: organizaciones dedicadas a ayudar a los demás

préstamo: cantidad de dinero prestado, a menudo concedido a cambio de que se devuelva con intereses

presupuesto: plan de ahorro y gasto de dinero

Servicio de Impuestos Interno (*IRS*): organismo del Gobierno de los Estados Unidos que recauda impuestos y hace cumplir las leyes tributarias

sistema de trueque: sistema de comercio de bienes en el que no se usa dinero

sobregiros: situaciones en las que se toma dinero de una cuenta bancaria y el saldo queda por debajo de cero porque no hay suficientes fondos para esa compra

tarjetas de crédito: tarjetas que permiten comprar cosas tomando dinero prestado y devolviéndolo después

tarjetas de débito: tarjetas que retiran efectivo automáticamente de una cuenta cuando su titular compra algo

tasa: cantidad que se cobra por tomar clases en una escuela o universidad

tipo de cambio: equivalencia según la cual una divisa se cambia por otra

ventajas: beneficios

Índice

Bibliografía

Chatzky, Jean. *Not Your Parents' Money Book: Making, Saving, and Spending Your Own Money.* **Simon & Schuster Books for Young Readers, 2010.**

En este libro, un experto en finanzas ayuda a entender con facilidad el dinero, desde cómo se obtiene hasta cómo se gasta. Aprende a librarte de los malos hábitos de gasto y a tomar decisiones financieras inteligentes. El autor responde a preguntas sobre el dinero hechas por niños como tú.

Cribb, Joe. *Money.* **DK Publishing, 2005.**

Explora la historia del dinero en el mundo, así como las divisas internacionales de hoy en día. Observa cómo lucían las primeras monedas y aprende cómo se fabrica el dinero y cómo detectar el dinero falso.

Hall, Alvin. *Show Me The Money.* **DK Publishing, 2008.**

Aprende los aspectos básicos sobre temas como ingresos, gastos, economía, negocios y cómo funciona el dinero en el mundo. Fotos a color, juegos y caricaturas hacen que sea divertido aprender sobre el dinero.

Linecker, Adelia Cellini. *What Color is Your Piggy Bank? Entrepreneurial Ideas for Self-Starting Kids.* **Lobster Press, 2004.**

Aprende a ganar dinero haciendo lo que te gusta ahora mismo. Cuestionarios, enlaces a plantillas y perfiles de jóvenes empresarios de la vida real que te ayudarán a ponerte en marcha en tu propio camino al éxito.

Reichblum, Charles. *What Happens to a Torn Dollar Bill?* **Black Dog & Leventhal Publishers, 2006.**

Descubre hechos fascinantes y extraños sobre el dinero. En este libro, el Dr. Conocimiento habla de todo lo que hay que saber sobre el dinero: por qué hay una pirámide en el billete de un dólar, quién inventó la tarjeta de crédito, por qué se llama dinero el *dinero* y quién fue la persona más joven en convertirse en millonario, entre otros temas.

Más para explorar

Design Your Own Bill

http://www.newmoney.gov/newmoney/dyob/index.html

Haz tu propio billete de dólar personalizado. Tú decides el valor, el borde, las imágenes y el color de tu billete solo con unos clics del ratón. Cuando termines, puedes imprimir tu billete o enviárselo por correo electrónico a un amigo.

EconEdLink

http://www.econedlink.org

Este sitio web sobre finanzas personales está diseñado tanto para docentes como para alumnos. Haz clic en el enlace para *student* y busca actividades didácticas y juegos divertidos sobre la administración del dinero y las actividades bancarias.

Hands on Banking

http://www.handsonbanking.org/en/

En este sitio web puedes tomar el control de tus finanzas y de tu futuro. Haz clic en el enlace *Kids* y sigue al alienígena Zing en una aventura interactiva para aprender sobre ti y tu dinero, presupuestos, ahorros, cuentas corrientes y créditos.

Money and Stuff

http://www.moneyandstuff.info

Aquí encontrarás hojas de trabajo para armar tu propio presupuesto, juegos, videos y otras actividades divertidas sobre el dinero.

Planet Orange

http://www.orangekids.com

A través de tus viajes en el *Planet Orange* descubrirás como manejar mejor tu dinero. Encontrarás juegos y actividades que te enseñarán a ganar, gastar, ahorrar e invertir el dinero.

Acerca de LA autora

Christine Dugan se graduó en la Universidad de California, San Diego. Dictó clases de educación elemental durante varios años para luego adoptar un nuevo desafío en el campo de la educación. Trabajó como desarrolladora de productos, escritora, editora y asistente de ventas para varias editoriales educativas. En los últimos años, Christine realizó una maestría en educación y actualmente trabaja como autora y editora independiente. Vive en el noroeste del Pacífico, donde gasta y ahorra dinero con felicidad junto con su esposo y sus dos hijas.